VENTE
Du Mercredi 23 Janvier 1907
HOTEL DROUOT, SALLE N° 7
A DEUX HEURES

TABLEAUX ANCIENS

ET MODERNES

PROVENANT DE LA

Collection de M. X.... de Vienne

EXEMPLAIRE ... ...NER

COMMISSAIRE-PRISEUR
M⁰ LAIR-DUBREUIL
EXPERT
M. JULES FÉRAL

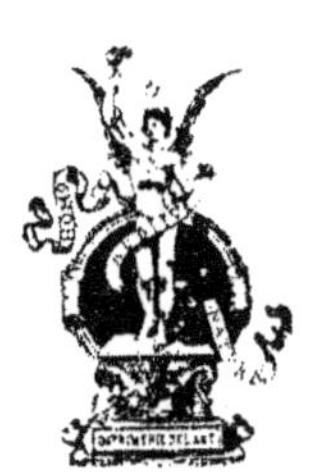

CATALOGUE

DES

Tableaux Anciens

ET MODERNES

Par

BAKHUYSEN, GOLTZIUS, VAN GOYEN, JUDITH LEISTER, ADRIEN VAN OSTADE,
SIMON DE VLIÉGER, J. RENIER DE VRIES, JEAN WYNANTS, ETC., ETC.
COUTURE ET ZIEM

PROVENANT DE LA

Collection de M. X..., de Vienne

ET DONT LA VENTE AURA LIEU, A PARIS

HOTEL DROUOT, SALLE N° 7

Le Mercredi 23 Janvier 1907

à deux heures

<table>
<tr><td>COMMISSAIRE-PRISEUR</td><td>EXPERT</td></tr>
<tr><td>Me LAIR-DUBREUIL</td><td>M. JULES FÉRAL</td></tr>
<tr><td>6, rue Favart</td><td>7, rue Saint-Georges</td></tr>
</table>

EXPOSITION PUBLIQUE

Le Mardi 22 Janvier 1907, de 1 heure 1/2 à 5 heures 1/2

CONDITIONS DE LA VENTE

Elle sera faite au comptant.

Les adjudicataires paieront *dix pour cent* en sus des enchères.

Paris — Imp. de l'Art, Ch. BERGER ET Cⁱᵉ, 41, rue de la Victoire

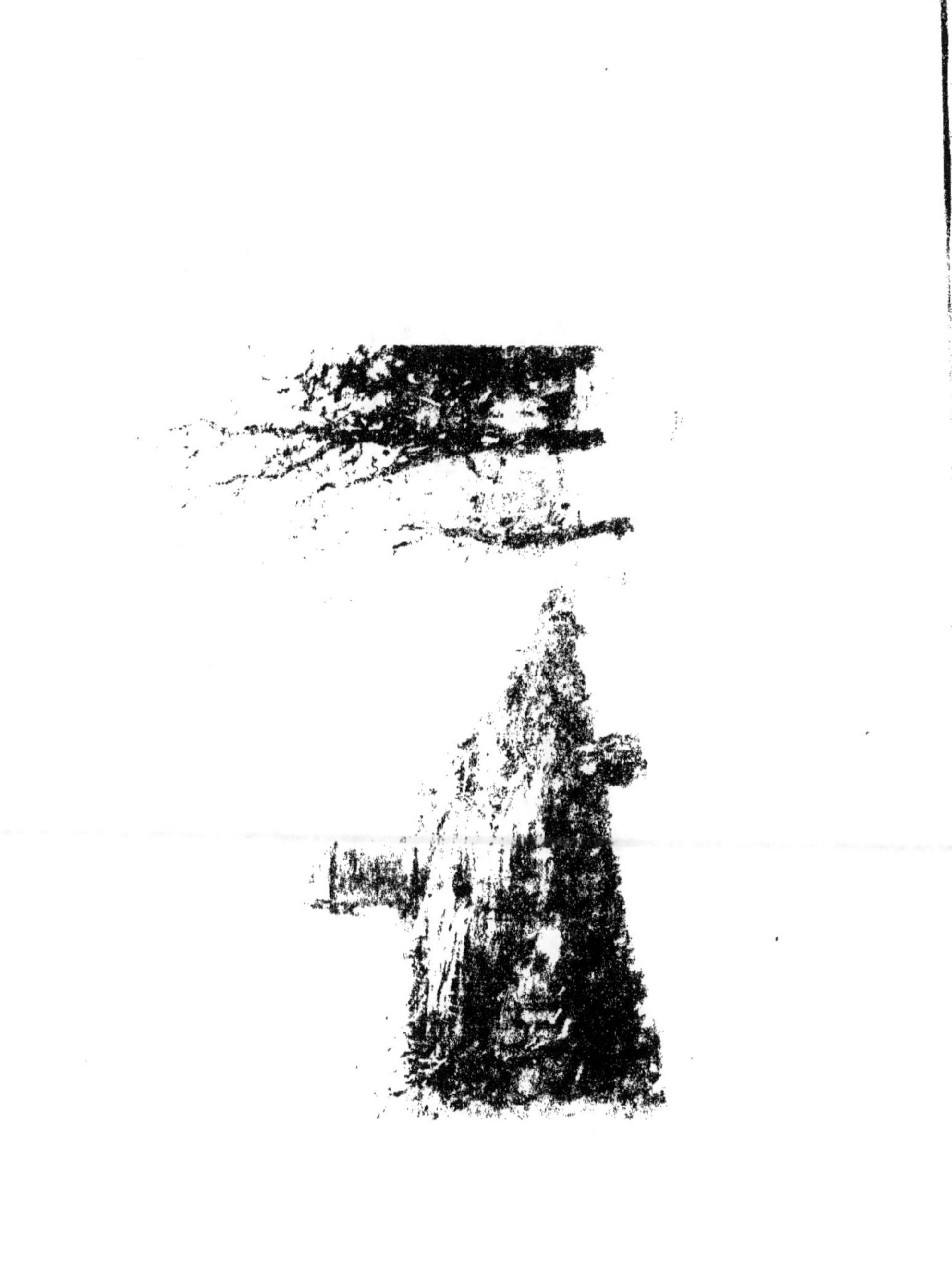

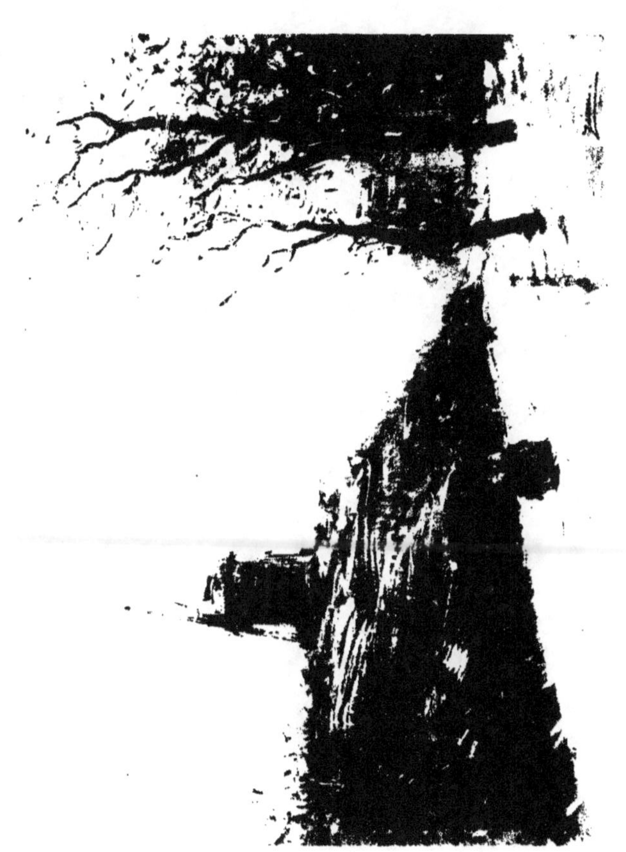

Désignation

TABLEAUX MODERNES

COUTURE
(THOMAS)

1 — *Buste de Femme.*

La tête inclinée sur la gauche, les cheveux épars, ornés d'un ruban rouge, un manteau noir drapé sur l'épaule.

Toile. Haut., 54 cent.; larg., 38 cent.

ZIEM

2 — *Vue de Montmartre.*

Plusieurs personnages suivent une route couverte de neige. Un moulin à vent s'élève sur une éminence.

A droite, des arbres dépouillés par l'hiver.

Peinture sur carton.

Haut., 27 cent.; larg., 34 cent.

TABLEAUX ANCIENS

BAKHUYSEN
(LUDOLF)
Emblen, 1631-1708

3 — *Marine*.

Deux bateaux de pêche ballottés par les flots gagnent le port.
A gauche, cinq hommes montent une légère embarcation.

Bois. Haut., 28 cent. ; larg., 36 cent

BRAUWER
(Attribué à ADRIEN)

4 — *Les Fumeurs*.

L'un d'eux, assis sur un siège taillé dans un tonneau, tient un vase
de grès et sa pipe. L'autre est debout en veste bleue et bonnet de feutre
orné d'une longue plume.

Bois. Haut., 21 cent.; larg., 16 cent.

DYCK
(Attribué à ANTOINE VAN)

5 — *Portrait d'un Gentilhomme*.

Les cheveux relevés sur le front, la barbe en pointe sur une fraise
souple, une main appuyée sur la poitrine, l'autre sur la hanche, il est
vu à mi-corps, regardant le spectateur.
Jolie esquisse en grisaille.

Bois. Haut., 21 cent.; larg., 16 cent.

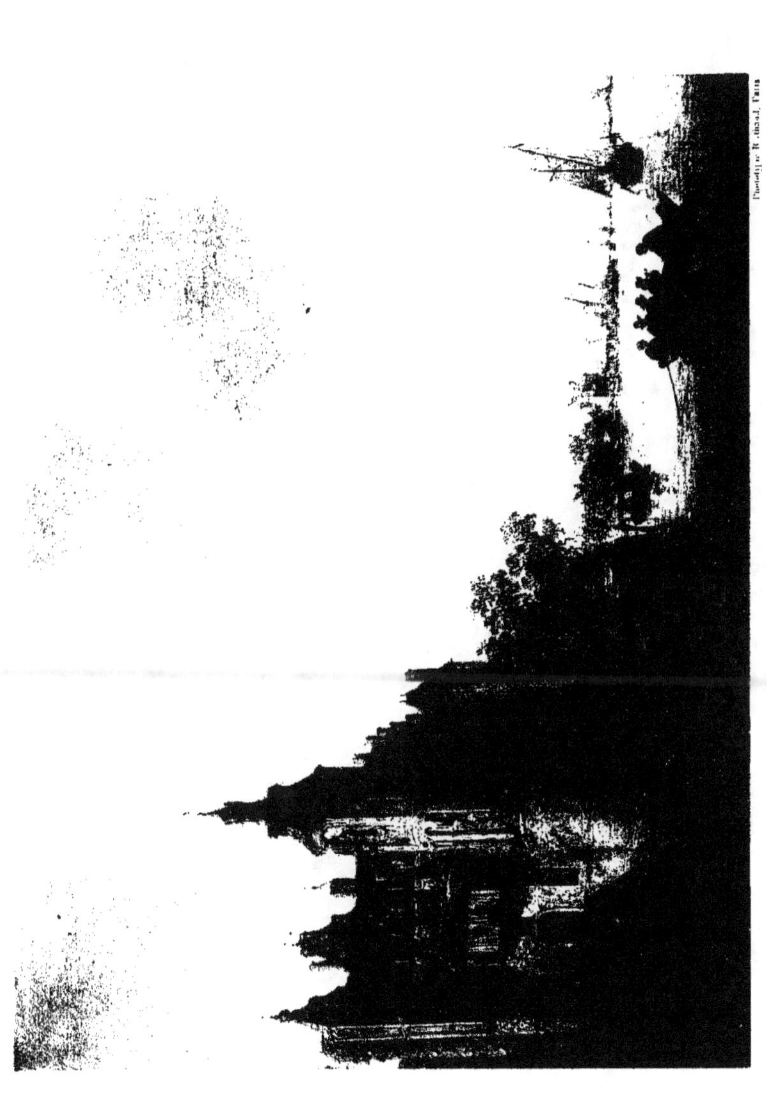

DYCK

(Attribué à ANTOINE VAN)

6 — *Tête de Femme.*

De profil à gauche, les yeux baissés, les cheveux blonds et bouclés.

Bois. Haut , 38 cent.; larg., 31 cent.

GOLTZIUS

(HENRI)

Malbracht, 1558-1616

7 — *Portrait d'un Naturaliste.*

Vêtu de noir, les cheveux blancs bouclés, assis devant une table où sont réunis des coquillages, il présente de la main droite une conque nacrée.

On lit sur le fond : *Anno 1603, Aetatis 58.*

Toile. Haut, 1 m. 4 cent.; larg., 80 cent.

GOYEN

(JEAN VAN)

Leyde, 1596-1666

8 — *Château au bord du canal.*

Un château flanqué de tours est baigné par les eaux d'un canal.

A gauche, un pont à deux arches et des barques amarrées au pied d'un escalier.

Au large, des bateaux portant des gentilshommes, des rameurs ou des pêcheurs, et, vers le fond, des voiliers entre les rives boisées qui s'étendent à l'horizon.

Signé à droite et daté : *1642.*

Bois. Haut., 37 cent.; larg., 49 cent.

LEISTER
(JUDITH)
Haarlem, ♣ 1600

9 — *Un Bouffon.*

Jeune garçon, représenté à mi-corps, tourné vers la gauche, les yeux fixés sur le spectateur, le visage riant.

Vêtu d'un pourpoint noir, à galons rouges, boutons d'or, il porte sur la tête une coiffure écarlate.

Bois. Haut., 35 cent.; larg., 28 cent.

LUINI
(Attribué à BERNARD)

10 — *La Madeleine.*

En buste, la tête inclinée sur la droite, les yeux baissés, les cheveux blonds bouclés pendant sur les épaules, elle porte une robe rouge et un manteau bleu.

Un rideau est drapé sur le fond.

Bois. Haut., 37 cent.; larg., 30 cent.

OSTADE
(ADRIEN VAN)
Haarlem, 1610-1685

11 — *Un Villageois.*

Représenté à mi-corps, dans une cabane, portant un gilet gris sur un vêtement à manches rouges, il est coiffé d'un chapeau de feutre relevé sur le côté.

Signé à droite en toutes lettres.

Bois. Haut., 22 cent.; larg., 18 cent.

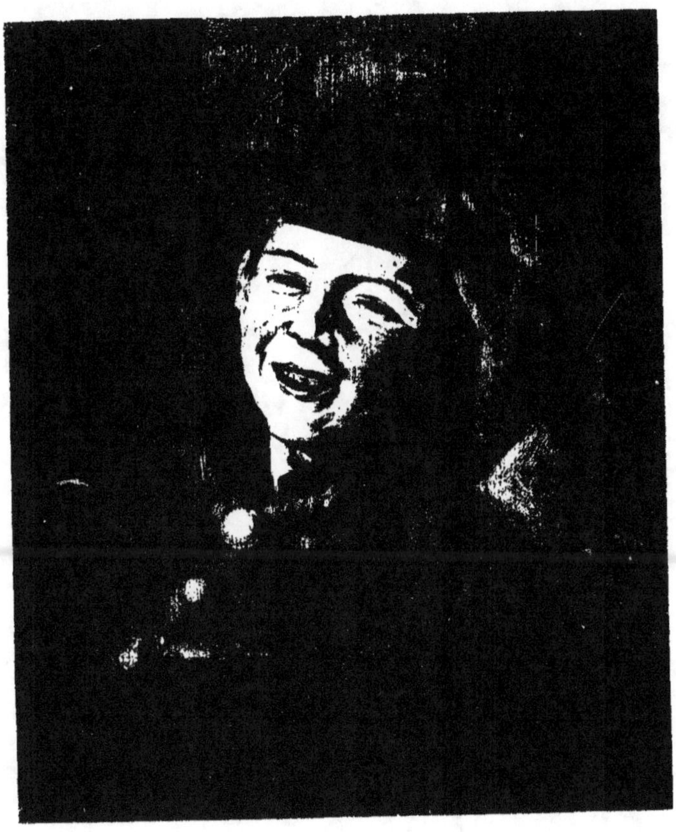

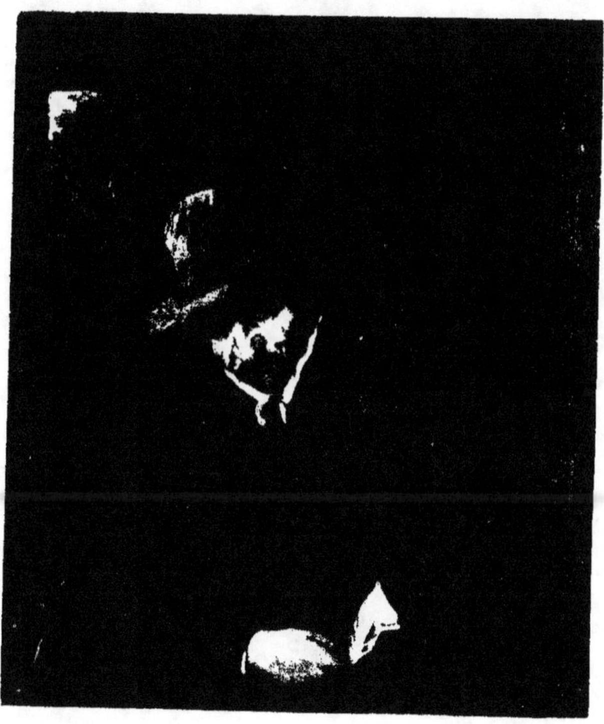

II

RUBENS
(Attribué à PIERRE-PAUL)

12 — *Paysage traversé par un cours d'eau.*

Au premier plan et à droite, deux femmes ; l'une en jupon rouge puisant de l'eau, l'autre portant sur la tête un vase de cuivre et un panier sous le bras.

Deux vaches paissent sur la rive.

Bon tableau largement exécuté.

Bois. Haut., 72 cent.; larg., 1 m. 25 cent.

RUBENS
(École de PIERRE-PAUL)

13 — *Les Usuriers.*

Trois hommes sont réunis, autour d'une table, dans un intérieur.

A droite, le Christ, accompagné d'un cinquième personnage, apparaît dans l'embrasure d'une porte.

Bois. Haut., 50 cent.; larg., 65 cent.

VLIEGER
(SIMON DE)
Rotterdam, 1601-1653

14 — *Marine par un temps calme.*

Au premier plan, des pêcheurs dans une barque.

A droite, deux bateaux à voiles.

Bois. Haut., 32 cent.; larg., 39 cent.

VRIES

(JEAN-RENIER DE)

Haarlem, † 1657

15 — *Constructions au bord d'un canal.*

Des maisons rustiques, entourées d'arbres, s'élèvent au bord d'un canal.

Vers la droite, deux pêcheurs, montés dans une barque; l'un debout, vêtu d'une veste rouge, tire un filet. Plus loin, une autre embarcation avec deux personnages.

Signé sur la première barque et daté: *1647.*

Bois. Haut., 49 cent.; larg., 65 cent.

WYNANTS

(JEAN)

Haarlem, 1625-1682

16 — *Paysage avec figures.*

Au centre, un cavalier ayant mis pied à terre fait l'aumône à des bohémiens. Un valet tient par la bride un cheval blanc.

Fond accidenté, avec cours d'eau et effet de soleil couchant.

Signé à droite en toutes lettres.

Toile. Haut., 42 cent.; larg., 78 cent.

ÉCOLE ESPAGNOLE
(xviie siècle)

17 — *Portrait d'Homme.*

Vu à mi-corps en pourpoint noir, tenant d'une main une carafe de vin
et portant de l'autre main un verre sur une assiette.

Toile. Haut., 66 cent.; larg., 52 cent.

ÉCOLE FLAMANDE
(xviie siècle)

18 — *Deux Anges.*

Représentés dans les nues, l'un tenant une écharpe.

Bois. Haut., 33 cent.; larg., 26 cent.